U0835733

北京市安全生产条例

中国法制出版社

目　　录

北京市人民代表大会常务委员会公告

〔十五届〕第77号

《北京市安全生产条例》已由北京市第十五届人民代表大会常务委员会第三十九次会议于2022年5月25日通过，现予公布，自2022年8月1日起施行。

北京市第十五届人民代表大会常务委员会

2022年5月25日

北京市安全生产条例

（2004年7月29日北京市第十二届人民代表大会常务委员会第十三次会议通过　2011年5月27日北京市第十三届人民代表大会常务委员会第二十五次会议修订　根据2016年11月25日北京市第十四届人民代表大会常务委员会第三十一次会议通过的《关于修改部分地方性法规的决定》修正　2022年5月25日北京市第十五届人民代表大会常务委员会第三十九次会议修订）

目　　录

第一章　总　　则

第一条　为了加强安全生产工作，防止和减少生产安全事故，维护城市安全运行，保障人民群众生命和财产安全，促进首都经济社会高质量发展，根据《中华人民共和国安全生产法》（以下简称安全生产法）等法律、行政法规，结合本市实际情况，制定本条例。

第二条　本条例适用于本市行政区域内从事生产经营活动的单位（以下统称生产经营单位）的安全生产和有关监督管理活动。

第三条　安全生产工作坚持中国共产党的领导。

安全生产工作应当以人为本，坚持人民至上、生命至上，把保护人民生命安全摆在首位，树牢安全发展理念，坚持安全第一、预防为主、综合治理的方针，从源头上防范化解重大安全风险。

安全生产工作坚持党政同责、一岗双责，实行管行业必须管安全、管业务必须管安全、管生产经营必须管安全，强化和落实生产经营单位主体责任与政府监管责任，建立生产经营单位负责、职工参与、政府监管、行业自律和社会监督的机制。

第四条 生产经营单位应当遵守安全生产法律、法规、规章的规定，建立健全安全生产规章制度和覆盖全体人员、全部生产经营活动的全员安全生产责任制，确保安全生产。

生产经营单位的主要负责人是本单位安全生产第一责任人，对本单位的安全生产工作全面负责。其他负责人对职责范围内的安全生产工作负责。

第五条 市、区人民政府应当加强对安全生产工作的领导，建立健全安全生产工作协调机制，支持、督促有关部门依法履行安全生产监督管理职责，及时协调、解决安全生产监督管理中存在的重大问题。

乡镇人民政府、街道办事处应当明确负责安全生产监督管理的有关工作机构及其职责，加强安全生产监管力量建设，配备监督检查人员，做好本地区安全生产监督管理工作。

第六条 市、区安全生产委员会在同级人民政府领导下，研究部署、指导协调、督促落实本行政区域内的安全生产工作。市、区安全生产委员会日常办事机构设在同级应急管理部门。

第七条 市、区人民政府应当根据国民经济和社会发展规划制定安全生产规划，并组织实施。

制定国土空间规划等相关规划应当综合考虑城市运行安全保障。安全生产规划应当与国土空间规划等相关规划相衔接。

第八条 市、区应急管理部门依照安全生产法和本条例，对本行政区域内安全生产工作实施综合监督管理，指导、协调、监督本级人民政府有关部门和下级人民政府履行安全生产监督管理职责。

市、区应急管理、经济和信息化、公安、规划和自然资源、住房和城乡建设、城市管理、交通、水务、市场监督管理、园林绿化、农业农村和人防等有关部门（以下统称负有安全生产监督管理职责的部门），依照有关法律、法规、规章的规定和市人民政府确定的职责，对本行业、领域的安全生产工作实施监督管理。

对新兴行业、领域的安全生产监督管理职责不明确的，由市、区人民政府按照业务相近的原则确定监督管理部门。

第九条 各级人民政府及其有关部门应当采取多种形式，加强对有关安全生产的法律、法规、规章和安全生产知识的宣传，组织开展安全生产教育和培训，培养专业技术和管理人才，推进安全文化建设，增强全社会的安全生产意识和安全防范能力。

人力资源社会保障部门应当将安全生产纳入相关技能培训内容。

第十条 各级人民政府及其有关部门鼓励安全生产科学技术研究，支持安全生产先进适用技术、装备、工艺的推广应用和管理数字化、智能化转型，推进安全生产产业发展。

第十一条 本市推进安全生产社会化服务体系建设，支持、指导、规范有关安全生产服务机构依法开展评价、认证、检测、检验、咨询、宣传和培训等安全生产技术、管理服务活动。

本市鼓励相关行业协会参与安全生产标准的制定，支持相关行业协会加强行业自律，对生产经营单位的安全生产工作进行指导，提供安全生产管理和技术咨询等服务，推广应用安全生产的先进技术，提升行业安全生产水平。

第十二条 本市建立健全区域安全生产协同工作机制，协同推进京津冀安全生产地方标准建设，加强一体化应急救援，推动京津冀安全生产协同发展。

第二章　生产经营单位的安全生产保障

第十三条　生产经营单位的主要负责人应当依法履行本单位安全生产管理职责，定期组织研究安全生产工作，每年向职工代表大会或者职工大会报告安全生产工作情况；依法不需要建立职工代表大会或者职工大会的小型、微型企业等规模较小的生产经营单位，应当每年向从业人员通报安全生产工作情况。

第十四条　生产经营单位的主要负责人应当依照安全生产法的规定，组织落实全员安全生产责任制，明确各岗位的责任人员、责任范围和考核标准等内容，并加强对落实情况的监督考核。

第十五条　生产经营单位的主要负责人应当依照安全生产法的规定，组织制定下列安全生产规章制度并督促落实：

（一）安全生产教育和培训制度；

（二）安全生产检查制度；

（三）安全风险分级管控制度；

（四）生产安全事故隐患排查治理制度；

（五）劳动防护用品配备和管理制度；

（六）生产安全事故报告和处理制度；

（七）其他保障安全生产的规章制度。

小型、微型企业等规模较小的生产经营单位，根据本单位实际，可以制定综合性的安全生产规章制度。

从事危险作业或者生产经营场所、设备和设施存在较大危险因素的，生产经营单位还应当制定专项管理制度。

第十六条 生产经营单位设置的专职安全生产分管负责人或者安全总监协助主要负责人履行安全生产管理职责。

第十七条 生产经营单位应当加强安全生产标准化建设，实现安全管理、设备设施、作业现场和操作过程等的标准化，提升安全生产管理水平。

第十八条 生产经营单位的决策机构、主要负责人或者个人经营的投资人应当保证安全生产所必需的资金投入，并专项用于下列安全生产事项：

（一）安全技术措施工程建设；

（二）安全设备、设施的更新和维护；

（三）安全生产宣传、教育和培训；

（四）劳动防护用品配备；

（五）重大危险源监控；

（六）安全风险评估和隐患排查治理；

（七）生产安全事故应急救援演练；

（八）应急救援队伍建设或者救援服务；

（九）其他保障安全生产的事项。

第十九条 矿山、金属冶炼、建筑施工、运输单位和危险物品的生产、经营、储存、装卸单位，除国家另有规定外，应当按照市人民政府规定的比例、人数设置安全生产管理机构，配备专职安全生产管理人员。

第二十条 本条例第十九条规定以外行业的生产经营单位，从业人员超过一百人的，应当设置安全生产管理机构或者配备专职安全生产管理人员；从业人员在一百人以下的，应当配备专职或者兼职的安全生产管理人员。

第二十一条 生产经营单位的安全生产管理机构以及安全生产管理人员应当履行安全生产法规定的职责，并依法参与生产安全事故调查处理。

安全生产管理机构以及安全生产管理人员应当组织本单位安全生产考核，并提出奖惩意见。

第二十二条 生产经营单位应当依照安全生产法的规定，开展或者委托第三方对从业人员开展安全生产教育和培训。安全生产教育和培训主要包括下列内容：

（一）安全生产法律、法规、规章和相关标准；

（二）安全生产规章制度和操作规程；

（三）岗位安全操作技能；

（四）安全设备、设施、工具、劳动防护用品的使用、维护和保管知识；

（五）生产安全事故防范和应急措施、自救互救知识，生产安全事故案例；

（六）其他需要培训的内容。

第二十三条 生产经营单位新建、改建、扩建工程项目的安全设施，必须与主体工程同时设计、同时施工、同时投入生产和使用。安全设施投资应当纳入建设项目概算。

第二十四条 矿山、金属冶炼建设项目和用于生产、储存、装卸危险物品的建设项目的安全设施设计，应当符合有关法律、法规、规章和相关标准的规定，采用先进适用的工艺、技术和可靠的设备、设施。

第二十五条 生产经营单位对存在较大危险因素的设备、设施应当设置明显的安全警示标志，并安装必要的安全防护装置；安全防护装置应当符合国家标准、行业标准，不得违反规定拆除或者停止使用。

第二十六条 本市执行国家生产安全工艺、设备淘汰目录。

市应急管理部门可以会同有关部门对国家目录以外的危及生产安全的工艺、设备拟订本市淘汰目录，报市人民政府批准后公布实施。

生产经营单位不得使用纳入国家和本市淘汰目录的工艺、设备。

第二十七条 生产经营单位应当按照下列规定开展安全风险分级管控：

（一）根据本单位生产经营活动的特点，制定安全风险辨识程序和方法，全面开展安全风险辨识和评估；

（二）对辨识出的安全风险进行分类梳理，确定安全风险等级；

（三）从制度、技术、应急等方面，对安全风险进行有效管控；

（四）建立安全风险公告制度，告知从业人员安全风险基本情况和防范措施。

生产经营单位应当按照有关规定使用本市安全风险分级管控系统，如实填报安全风险分级管控情况。

负有安全生产监督管理职责的部门应当编制本行

业、领域安全风险辨识评估标准，指导、督促生产经营单位落实安全风险分级管控责任、实现有效管控，加强新兴行业、领域以及使用新工艺、新技术、新材料等的安全风险辨识。

第二十八条 生产经营单位进行爆破、吊装、动火、临时用电以及国家规定的其他危险作业，应当严格遵守安全生产法关于危险作业管理的规定，以及有关操作规程和安全措施。

第二十九条 生产经营单位进行悬吊、挖掘、油罐清洗、建设工程拆除、高处作业、临近高压输电线路作业、有限空间作业等，应当遵守下列规定：

（一）制定作业方案，按照本单位内部批准权限审批；

（二）安排负责现场管理的专门人员，确认现场作业条件、作业人员的上岗资质、身体状况符合安全作业要求；

（三）落实安全交底和技术交底，向作业人员详细说明作业内容、主要危险因素、作业安全要求和应急措施等内容；

（四）配备与现场作业活动相适应的劳动防护用品，以及相应的安全警示标志、安全防护设备、应急救援装备；

（五）发现直接危及人身安全的紧急情况，立即采取应急措施，停止作业或者撤出作业人员。

第三十条 生产经营单位设置户外广告设施、牌匾标识的，应当遵守有关户外广告设施、牌匾标识管理的法律法规、技术标准和规范，并进行经常性检查和维护，确保安全、牢固；发现生产安全事故隐患的，应当及时予以消除。

第三十一条 同一建筑物内的多个生产经营单位共同委托物业服务企业或者其他管理人进行管理的，由物业服务企业或者其他管理人按照委托协议承担管理范围内的安全生产管理职责。

受委托对商务楼宇、商业综合体进行管理的物业服务企业或者其他管理人应当遵守下列规定：

（一）协调、配合物业管理区域内的生产经营单位做好安全生产工作，及时告知安全使用物业的注意事项；

（二）对消防设施、充电桩、电梯等易于发生安全风险的共用设备、设施和部位开展日常巡查，发现有安全风险隐患的，及时设置警示标志，采取必要措施排除隐患或者向有关单位报告；

（三）发现安全生产违法行为的，及时劝阻、制止，并按照有关规定报告。

第三十二条 危险化学品生产单位不得向未取得危险化学品经营许可证的经营单位或者个人销售危险化学品；危险化学品经营单位不得从未取得危险化学品生产许可证或者危险化学品经营许可证的单位采购危险化学品。

危险化学品应当储存在专用仓库、专用场地或者专用储存室内，储存方式、方法和数量应当符合国家标准、行业标准，并由专人管理。

第三十三条 供水、排水、污水处理、供电、供气、供热、垃圾处理、通信等市政基础设施的运行管理单位和轨道交通运营单位、管线施工和运营单位，应当加强设备、设施日常维护和施工现场安全管理，定期开展巡查和运行安全评价，及时排除生产安全事故隐患。

在供水、排水、污水处理、供电、供气、供热、垃圾处理、通信等市政基础设施保护范围内从事建设活动的，应当查询有关地下管线情况，会同市政基础设施的运行管理单位做好地下管线安全防护工作。

鼓励采用新技术提高监测预警能力，及时发现和处置危害管线运行安全的行为，保障基础设施的安全运行。

第三十四条 歌舞厅、影剧院、体育场（馆）、宾馆、饭店、商（市）场、旅游区（点）、客运车站、网吧等公众聚集场所，电动车集中充电场所，以及室内体验、竞技类新业态，其生产经营单位应当遵守下列规定：

（一）不得改变经营场所建筑的主体、承重结构和消防设施；

（二）按照有关规定在经营场所设置安全出口和疏散通道并确保畅通；

（三）按照有关规定在经营场所配备应急广播、应急照明设施、消防器材，安装必要的安全监控系统，并确保完好、有效；

（四）制定可靠的安全措施和生产安全事故应急救援预案，配备应急救援人员；

（五）有关负责人能够熟练使用应急广播，掌握应急救援预案的全部内容；

（六）从业人员能够熟练使用消防器材，了解安全出口和疏散通道的位置以及本岗位的应急救援职责；

（七）经营场所实际容纳的人员不超过规定的容纳

人数。

第三十五条 生产经营单位承办大型群众性活动的，应当制定符合规定要求的活动方案和突发事件应急预案，并按照国家和本市有关规定履行审批手续；搭建的构筑物应当符合有关安全标准，并委托评估机构进行安全风险评估。

活动举办期间，承办单位应当落实各项安全措施，保证活动场所的设备、设施安全运转，配备足够的工作人员维持现场秩序。人员聚集时，承办单位应当采取控制和疏散措施，确保参加活动的人数符合安全要求。

第三十六条 生产经营单位必须依法参加工伤保险，为从业人员缴纳保险费。

本市按照国家有关规定建立安全生产责任保险制度，发挥保险机构参与风险评估管控和事故预防的功能。矿山、危险化学品、烟花爆竹、交通运输、建筑施工、民用爆炸物品、金属冶炼等国家规定的高危行业、领域的生产经营单位，应当投保安全生产责任保险。鼓励其他生产经营单位投保安全生产责任保险。

第三十七条 生产经营单位应当通过作业场所公示、书面告知、答复、教育培训等方式将涉及安全生产的下列事项告知从业人员：

（一）作业场所和工作岗位存在的危险因素；

（二）已采取的防范生产安全事故的技术措施和管理措施；

（三）发生直接危及人身安全的紧急情况时的应急措施。

从业人员有权向生产经营单位了解前款规定的事项。

第三十八条 生产经营单位的从业人员应当遵守本单位安全生产规章制度和岗位操作规程、施工作业规程，接受安全生产教育和培训并参加应急演练，发现生产安全事故隐患或者不安全因素应当及时报告。

发生生产安全事故时，从业人员应当服从现场统一指挥，配合事故调查并如实提供有关情况。

从业人员从事特种作业的，应当经过专门培训并取得特种作业资格。

第三章 安全生产的监督管理

第三十九条 安全生产监督管理由生产经营活动所在地人民政府以及负有安全生产监督管理职责的部

门实施。

第四十条 市、区人民政府应当组织本级负有安全生产监督管理职责的部门依法编制安全生产权力和责任清单，向社会公开并接受监督。

第四十一条 乡镇人民政府和街道办事处统筹辖区力量加强安全生产监督检查和日常巡查，发现安全生产违法行为或者生产安全事故隐患的，应当责令改正，并按照有关规定向有关部门报告。

第四十二条 本市建立健全安全生产督察考核制度，对市有关部门、各区及有关部门和乡镇、街道安全生产工作进行督察考核。考核结果纳入绩效考核。

第四十三条 市级负有安全生产监督管理职责的部门应当加强对本行业、领域安全生产工作的指导，组织拟定安全生产地方标准、管理规范，并督促生产经营单位落实，推进本行业、领域的安全生产标准化工作。

市市场监督管理部门应当组织、指导和协调安全生产地方标准的制定工作。

第四十四条 在本市举办重要会议和重大活动以及国家法定节假日期间，市应急管理部门根据安全管理的需要，可以制定专项安全生产管理措施，报市人民政府批准后，向社会公布。生产经营单位应当执行专项安全生产管理措施。

相关重点行业、领域、区域生产经营单位在重要会议、重大活动、应对重大突发事件以及国家法定节假日期间，应当采取措施，加强隐患排查治理、应急值守、物资储备等。

第四十五条　负有安全生产监督管理职责的部门应当建立健全重大危险源备案制度，加强对重大危险源的监督管理工作。

第四十六条　本市鼓励对危险化学品实行专门储存、统一配送、集中销售，推动危险化学品集中管理体系建设，加强教育、卫生、体育、科技等行业领域危险化学品使用安全管理，鼓励生产经营单位通过本市危险化学品信息平台开展危险化学品交易活动，实现危险化学品全过程可追溯。

第四十七条　市应急管理部门会同市发展改革、经济和信息化、公安、交通、生态环境、规划和自然资源等部门，根据国家有关规定和本市危险化学品管理的需要，制定本市危险化学品禁止、限制、控制措施，报市人民政府批准后，向社会公布。

生产经营单位开展危险化学品生产经营活动，应当执行本市危险化学品禁止、限制、控制措施。

第四十八条 在重大危险源、高压输电线路和输油、输气管道等场所和设施的安全距离范围内，规划和自然资源等有关部门不得批准新建、改建、扩建建筑物、构筑物。

对已有不符合安全距离要求的建筑物、构筑物，应当依法予以拆除，或者经安全评估采取其他保障安全的措施。

第四十九条 负有安全生产监督管理职责的部门发现生产安全事故隐患的，应当责令生产经营单位采取措施立即消除；不能立即消除的，应当责令限期消除，在明显位置设置警示标志，并督促落实。

重大生产安全事故隐患消除前或者消除过程中无法保证安全的，负有安全生产监督管理职责的部门应当责令生产经营单位从危险区域内撤出作业人员，责令暂时停产停业或者停止使用相关设备、设施；隐患消除后，经审查同意，方可恢复生产经营和使用。

第五十条 单位或者个人有权通过 12345 市民服务热线、12350 安全生产举报投诉电话及其网站，来信来访等形式举报安全生产违法行为和事故隐患。收到举报后，负有安全生产监督管理职责的部门应当及时处理，并不得泄露举报人个人信息。

本市建立健全安全生产违法行为和重大事故隐患举报奖励制度，并向社会公布。

第五十一条 市应急管理部门建立安全生产信息网络平台，及时提供安全生产法律、法规、规章、标准、政策和措施等信息服务，定期向社会公布全市安全生产状况。

负有安全生产监督管理职责的部门应当建立健全安全生产信息沟通制度，互相通报有关安全生产政策和执法监督信息；采取多种形式，及时将有关安全生产的政策和措施告知生产经营单位，并提供相关信息服务。

行业协会应当配合负有安全生产监督管理职责的部门做好有关安全生产信息的宣传工作。

第五十二条 负有安全生产监督管理职责的部门应当根据本行业、领域的特点，建立健全分级分类监管制度，对安全风险较低、信用良好的生产经营单位，可以采取减少抽查比例、降低检查频次等差异化管理措施。

第五十三条 负有安全生产监督管理职责的部门应当加强对安全生产行政处罚信息的记录、归集、应用和公开，对情节严重的生产经营单位及其从业人员违法信息应当及时通报有关部门和机构。有关部门和机构应当对存在失信行为的生产经营单位及其从业人员依法采取加大执法检查频次、暂停项目审批、上调有关保险费率、行业或者职业禁入等联合惩戒措施，并向社会公示。

第四章　生产安全事故的应急救援

第五十四条　本市加强生产安全事故应急能力建设，统筹、规划、推动多层次、多主体的应急救援队伍建设；鼓励生产经营单位和其他社会力量建立提供社会化救援服务的专业应急救援队伍。具体办法由市应急管理部门会同有关部门制定，报市人民政府批准。

危险物品的生产、经营、储存单位以及矿山、金属冶炼、城市轨道交通运营、建筑施工单位应当建立应急救援队伍；生产经营规模较小的，可以不建立应急救援队伍，但应当指定兼职的应急救援人员。其他生产经营单位发生生产安全事故需要应急救援，可以委托前述单位的应急救援队伍提供应急救援服务。

市、区人民政府应急救援队伍依法承担应急救援服务，也可以根据需要委托社会应急救援队伍开展应急救援活动。对接受委托执行应急救援任务的，给予必要的支持。

第五十五条 生产经营单位应当制定本单位生产安全事故应急救援预案，与市、区人民政府组织制定的生产安全事故应急救援预案相衔接，并定期组织演练。

生产经营单位制定的生产安全事故应急救援预案主要包括下列内容：

（一）应急救援组织及其职责；

（二）危险目标的确定和潜在危险性评估；

（三）应急救援预案启动程序；

（四）紧急处置措施方案；

（五）应急救援组织的训练和演练；

（六）应急救援设备器材的储备；

（七）经费保障；

（八）其他事项。

第五十六条 生产经营单位发生生产安全事故，事故现场有关人员、单位负责人等应当依法报告生产安全事故情况，并及时采取措施救治受伤人员；造成人员伤害需要抢救的，应当及时将受伤人员送至医疗机构救治。

第五十七条 负有安全生产监督管理职责的部门应当定期统计本行业、领域生产安全事故情况，并将有关情况报告同级应急管理部门。

应急管理部门应当定期统计分析本行政区域内发生的生产安全事故情况，并定期向社会公布。

第五章 法律责任

第五十八条 生产经营单位有下列行为之一的，责令限期改正，处十万元以下的罚款；逾期未改正的，责令停产停业整顿，并处十万元以上二十万元以下的罚款，对其直接负责的主管人员和其他直接责任人员处二万元以上五万元以下的罚款：

（一）未按照本条例第十九条或者第二十条规定，设置安全生产管理机构或者配备安全生产管理人员的；

（二）未按照本条例第二十二条规定，对从业人员进行安全生产教育和培训的。

第五十九条 生产经营单位违反本条例第三十六条第二款规定，未投保安全生产责任保险的，责令限期改正，处五万元以上十万元以下的罚款；逾期未改正的，处十万元以上二十万元以下的罚款。

第六十条 生产经营单位违反本条例第三十七条第一款规定，未履行告知义务的，责令限期改正，处十万元以下的罚款；逾期未改正的，责令停产停业整顿，并处十万元以上二十万元以下的罚款，对其直接负责的主管人员和其他直接责任人员处二万元以上五万元以下的罚款。

第六十一条 生产经营单位违反本条例第四十四条第一款规定，未执行专项安全生产管理措施的，责令限期改正；逾期未改正的，责令停止生产经营活动。

第六十二条 生产经营单位违反本条例第四十七条第二款规定，未执行本市危险化学品禁止、限制、控制措施的，责令改正；拒不改正的，处二万元以上十万元以下的罚款。

第六十三条 本条例规定的行政处罚，由应急管理部门和其他负有安全生产监督管理职责的部门按照职责分工决定。

第六十四条 对未履行安全生产主体责任的生产经营单位，除依法实施行政处罚外，负有安全生产监督管理职责的部门可以对生产经营单位的主要负责人进行约谈。

第六章　附　　则

第六十五条　本条例所称的小型、微型企业，按照国家有关中小企业划型标准执行。

第六十六条　本条例自2022年8月1日起施行。

北京市安全生产条例

BEIJINGSHI ANQUAN SHENGCHAN TIAOLI

经销/新华书店

印刷/鸿博睿特（天津）印刷科技有限公司

开本/850 毫米×1168 毫米　32 开　　印张/1　字数/11 千

版次/2022 年 7 月第 1 版　　2023 年 3 月第 7 次印刷

中国法制出版社出版

书号 ISBN 978-7-5216-2784-8　　定价：5.00 元

北京市西城区西便门西里甲 16 号西便门办公区

邮政编码：100053　　传真：010-63141600

网址：http：//www.zgfzs.com　　编辑部电话：010-63141673

市场营销部电话：010-63141612　　印务部电话：010-63141606

（如有印装质量问题，请与本社印务部联系。）